L'auteur
Dominique de Saint Mars

Après des études de sociologie,
elle a été journaliste à *Astrapi*.
Elle écrit des scénarios
qui donnent la parole aux enfants
et traduisent leurs émotions.
Elle dit en souriant qu'elle a interviewé
au moins 100 000 enfants…
Ses deux fils, Arthur et Henri,
ont été ses premiers inspirateurs!
Engagée dans les causes contre la maltraitance
et la souffrance psychique,
elle est aujourd'hui marraine de l'Œuvre Falret.
Prix de la Fondation pour l'Enfance.

L'illustrateur
Serge Bloch

Cet observateur plein d'humour
et de tendresse est aussi un maître
de la mise en scène.
Tout en distillant son humour généreux
à longueur de cases, il aime faire sentir
la profondeur des sentiments.

Ainsi va la vie

Max est timide

Dominique de Saint Mars

Serge Bloch

CALLIGRAM

CHRISTIAN GALLIMARD

Série dirigée par Dominique de Saint Mars

ISBN : 978-2-88445-034-8

10

11

Ton père, je l'ai déjà vu intimidé... quand il parlait devant 50 personnes.

Tu sais, Max, ce n'est pas si mal d'être timide. On observe les gens...

Si vous trouvez Pompon, rapportez-le chez Max, 3, rue des Acacias. Forte récompense...

Allez, laisse-toi faire, je te mets mon message.

25

27

30

34

36

Et toi...

Est-ce qu'il t'est arrivé la même histoire qu'à Max ?
Réponds aux deux questionnaires...

Es-tu toujours timide
ou seulement de temps en temps?

As-tu peur de ce qu'on va penser de toi
et d'être ridicule?

Crois-tu être moins bien que les autres?

Es-tu plus timide avec les enfants
ou avec les adultes?

Es-tu plus timide avec les filles
ou avec les garçons?

Penses-tu être le seul à être timide?

Essaies-tu de te faire des amis en leur posant des
questions, en rendant service ou en étant souriant?

Apportes-tu tes jeux pour jouer
plus facilement avec eux?

Pour avoir confiance en toi, as-tu déjà fait la liste
de tout ce que tu sais faire tout seul?

Arrives-tu à t'accepter comme tu es,
trop grand ou trop petit par exemple?

Oses-tu dire : «Mais oui, je suis timide!»
au lieu de lutter contre ta timidité?

As-tu déjà rencontré un plus timide que toi
et qui avait beaucoup de charme...?

**Après avoir réfléchi
à ces questions sur la timidité,
tu peux en parler
avec tes parents ou tes amis.**

Dans la même collection

Application Max et Lili disponible sur